La petite marchande de godasses

Théâtre

Emma Psyché

Édition : BoD · Books on Demand, 31 avenue Saint-Rémy, 57600 Forbach, bod@bod.fr
Impression : Libri Plureos GmbH, Friedensallee 273, 22763 Hamburg (Allemagne)
ISBN : 978-2-3225-5554-3
Dépôt légal : Janvier 2025

(Elle est sur la scène en pleine lumière alors que le public entre. Elle est en tailleur strict et sobre.)

Bonjour… Bonjour…
Bonjour Madame, bonjour Monsieur, soyez les bienvenus… Je vous laisse regarder tranquillement… Bonjour, si je peux vous être utile… Bonjour, je suis là pour vous… Bonjour… *(Elle continue ainsi jusqu'à ce que le public soit installé dans la salle).*

Bonjour Madame... *(plus fort)* Bonjour Madame. *(Encore plus fort)* Bonjour Madame ! *(A part)* Pas la peine de répondre, crétine ! Tiens, ça elle a entendu ! *(Elle lui sourit avec la plus grande hypocrisie).* Bonjour !

(Elle attend le silence)

Je ne sais pas pourquoi, mais les chaussures ont un effet hypnotisant sur les gens. Ils entrent, sans nous dire bonjour évidemment, scrutent les modèles comme un robot détecteur de mines, détaillant tout, rejetant ce qui ne convient pas…

(Elle les imite).

Plus rien n'existe ! Juste le scanner des yeux sur les chaussures !

(Elle continue de les imiter : Non ! Non ! Suivant ! Non… !*).*

Et quand les clientes ont trouvé le modèle qui enfin leur plaît, elles me cherchent du regard, vite ! Vite ! Ca y est ?

Maintenant, elles ont besoin de moi !

Je me venge en les ignorant et en les snobant…

Jamais longtemps, mais ça me détend !

Et si la pointure convient, si le modèle plaît, alors… elles n'achètent pas ! « Je vais réfléchir » ! Réfléchir à quoi ? Elles vous plaisent, elles vous vont, elles ne sont même pas chères… Pourquoi hésiter ? Réfléchir, réfléchir !

Depuis quand une femme qui vient acheter des chaussures réfléchit ? Vous avez raison, attendez qu'il n'y en ait plus !

Oh, ça fait quelques temps déjà que je travaille dans cette boutique de souliers, je crois que je connais tout par cœur.

Elles pinaillent, elles veulent sans vouloir… elles m'énervent !

(Elle est exaspérée).

Et leurs phrases idiotes, toutes faites :

« Je vais revenir ! » ! Super ! Mais c'est aujourd'hui que j'ai besoin d'argent pour mon chiffre d'affaires !

« Je vais réfléchir » : si ça ne vous va pas, pas la peine de réfléchir. Et si ça vous va, pourquoi réfléchir ? Pourquoi entrer dans un magasin si on ne veut pas acheter ?

Ah, parce que vous n'avez pas le temps… On n'est pas là pour vous aider à patienter en attendant le bus ou parce que vous êtes en avance à votre rendez-vous chez le dentiste !

C'est comme cette phrase : « Je regarde », ou : « Je fais du repérage, je ne viens pas pour acheter »… !

Est-ce que je vais au restaurant pour m'y asseoir ? Pour l'ambiance ? Juste pour humer les plats qui passent ? Sans consommer ?

JAMAIS !

Alors pourquoi venez-vous m'embêter alors que vous ne voulez RIEN ?

(Elle soupire un instant, se reprend).

Je m'emporte, mais quand même... Les gens s'ennuient. Ils devraient aller travailler, ça les occuperait.

Et cette phrase : « C'est du cuir ? » Non, madame, à ce prix-là, c'est du synthétique.

Et elles les reniflent, les chaussures, pour savoir si c'est du cuir ! C'est idiot !

Il y a un logo dessous pour expliquer ce qui est en cuir et ce qui ne l'est pas, les matières extérieures, intérieures et la semelle…

C'est vrai que parfois le synthétique empeste le pétrole, une horreur ! Mais ça ne les dissuade pas ! Ces dindes !

« C'est pas cher, c'est pas grave »… Ca fait toujours cher pour un sac en plastique non ?

Et avec vos deux sacs poubelle aux pieds, vous transpirez abondamment, c'est une infection !

Mais les industriels sont formidables : au lieu de privilégier le cuir, ils vous vendent du synthétique affreux avec une énorme marge et en supplément vous achetez le déodorant pour les pieds ! Vous achetez le problème et le pansement sur la jambe de bois !

C'est complet !

Et ils continuent pendant les soldes : -70 % !

Génial ! C'est vraiment donné... ! Mais ça veut dire que toute l'année vous les payez trop cher !

Ne croyez pas que les commerçants et les industriels perdent de l'argent pendant les soldes…. Ils ne vendent jamais à perte ! Alors, le prix des godasses en synthétique, ima-ginez…

Peu importe, le synthétique ça marche toujours : les amies des animaux, les malades qui refusent le cuir... qui mangent bio des fruits et légumes qui ne peuvent ni se défendre ni hurler de douleur...

De toute façon, on fait des chaussures et des sacs avec la peau de vos steaks.

Ca s'appelle une vache...

Imaginez bien, une vegan pauvre à force d'acheter du bio, grise et éteinte parce qu'il n'y a pas assez de sucre et de gras dans sa nourriture, et qui par dessus le marché sent des pieds dans ses chaussures en plastique.

L'illustration d'un fantasme pour quelqu'un ? Personne ?

Levez-vous si ça vous excite !

Un jour, une dame très chic m'a jeté au visage : « Moi, je n'achèterai jamais du chinois ! » Et quand elle a vu le prix, elle l'a pris….

Evidemment.

Il y a quoi encore comme phrases idiotes ? « Noir ça va avec tout ».

Mesdames, vous n'êtes pas obligées de vous habiller en sapin de Noël ! Le haut v<u>ert</u>, le bas <u>vert</u>, les chaussures <u>vertes</u>, le manteau<u> vert</u> ! Tout en nuances… une horreur ! Ca fait ton sur thon. Oui, oui, thon, T H.

« Ca va avec ce que je porte ? »

Bah, ce sont des chaussures, ça va avec tout, surtout avec les pieds….

« Ce sont de vrais chaussons ! »

Pourquoi veulent-elles à la fois souffrir en marchant sur des baguettes et que ce soit quand même confortable ?
Marcher dressée sur ses orteils n'a JAMAIS été une partie de plaisir !…

Vous noterez que je préfère encore les talons aux chaussures plates.

C'est affreux les chaussures plates ! Elles n'ont pas de ligne par elles-mêmes, elles vous font des mollets énormes et elles tassent la silhouette !

Seules les gamines prépubères et les vieilles vaches ménopausées aiment ça.

Et les accros du « confort » !

« Moi, je ne sais pas marcher avec des talons ! ».

Mais ça s'apprend, chère Madame ! Progressivement, en augmentant la cambrure... Ca change l'allure, la démarche, le maintien.

(Elle ondule sur la scène, preuve de son discours).

Même si vous êtes laides vous avez de la classe en talons hauts ! Mais il faut les intégrer mentalement, sinon, vous êtes juste ridicule !

D'ailleurs certains hommes portent très bien des talons aiguilles, alors pourquoi une femme ne réussirait-elle pas ?

Un jour, en parlant de ça, un homme très beau, au visage fin, au corps souple, est entré dans le magasin. Je lui ai proposé le rayon homme, mais il voulait voir les chaussures de femmes. Il a choisi les talons les plus hauts !

Je n'ai évidemment pas proposé d'essayer, je pensais que c'était un cadeau…

Mais il s'est assis et il les a enfilés.

Il a paradé au milieu des clientes affolées parce qu'un homme marchait mieux qu'elles avec des talons ! Ca m'a fait rire !

(Elle écrase une larme imaginaire).

Oui, Madame ? Je peux vous aider ? *(Elle écoute attentivement en plissant les yeux)*

Vous cherchez, si je résume bien :

les mêmes que celles-ci,

sans la bride,

avec un talon plus petit,

en marron et pas en noir,

à bout rond et pas pointu ?

Donc, pas du tout le même modèle, si je comprends bien ?

Mais avec plaisir, Madame, les enfants chinois séquestrés dans la cave vous les fabriqueront durant la nuit, vous pourrez venir les chercher demain matin…

Oh, elles sont si bêtes, parfois… Je les adore mais qu'elles sont bêtes ! Et je crois que j'adore les détester ! « Vous l'avez en blanc ? ».

Bien sûr mais on les cache.

On les garde en réserve pour celles qui les demandent !

Ou alors, j'entends : « Elles sont bien, celles-là ? ».

Non, elles sont pourries, c'est pour ça que je les vends à des débiles dans votre genre ! Et dès que j'ai tout vendu, comme elles explosent au bout d'une semaine, on ferme la boutique ce soir et on va aux Bahamas avec votre pognon en rigolant !

(A une cliente) Bien sûr, Madame, vous pouvez vous servir. En même temps, vous les avez aux pieds, c'est un peu tard pour demander non ?

Oui, on dit aux pieds, pas dans les pieds. C'est du vocabulaire de base. Dans les pieds, ce serait mettre les souliers sous la peau. Ca doit faire mal et ça protège peu.

Voilà.

Je vous en prie !

(A une cliente) Vous avez la suite à l'étage ! Par où c'est l'étage ? Par l'escalier. On voulait installer une corde à nœuds, un trampoline ou faire un trou au plafond…. Mais on

a pensé qu'un escalier c'était plus joli.

Vous êtes trop fatiguée pour monter ? C'est VOUS qui me fatiguez ! Vous voulez peut-être que je vous fasse la courte échelle ? Ou bien je vous porte sur mon dos ?

(Au public) Avant, je proposais l'étage et on ne me comprenait pas toujours.

Alors je l'ai annoncé en levant le doigt. Vous n'imaginez pas le nombre de gens qui regardaient mon doigt ! Ou le plafond ! « Quand le sage montre la lune, l'idiot regarde le doigt »…

Et comme je suis gauchère, je levais la main gauche… L'escalier étant à ma droite et tout le monde partait dans le mauvais sens, en suivant ma main. Désormais, je le montre de la main droite.

Il faut parfois faire simple avec les simplets.

(A une cliente) « Qu'est-ce qu'il y a à l'étage ? la même chose ? ».

Oui, bien sûr, tout pareil ! Les mêmes modèles, le même magasin en double ! C'est pour ça que je vous propose de monter, pour trouver la même chose en haut ! *(Elle lève les yeux au ciel).*

(A une autre cliente)
« En haut, il y a des escarpins… »
Oui Madame.
« … noirs… ».
Oui Madame.
« Avec une lanière… »
Euh !

« … et en 39 ».

Montez ! Vous verrez ! Je ne peux quand même pas tout me rappeler ! Paresseuse ! Allez, grimpe les marches, ça t'aidera à lutter contre la cellulite !

(A une autre cliente)
- Bonjour Madame. Celle-ci en 37. Elles chaussent grand, vous voulez essayer le 36 ? Non ? Bon.
- « Je fais du 37, je n'ai jamais porté du 36 ! »
- Il n'y a plus de 37.

- « Oh, c'est toujours pareil ! Il n'y a jamais ma pointure ! Forcément, le 37, tout le monde en porte ! »
- Vous voulez essayer le 36 ? Elles chaussent grand. Je répète ?
- « Je fais du 37, je viens de vous dire que je n'ai jamais porté du 36 ! »
- Comme vous voulez.
- « C'est toujours pareil ! Forcément, le 37, tout le monde en porte ! »
- Vous l'avez déjà dit. Au revoir, Madame.

(Au public) J'entends ça pour toutes les pointures ! Les extrêmes, c'est parce que c'est rare et les communes parce que tout le monde en porte, parce que la cliente n'a jamais de chance, forcément, c'est celles qu'elle voulait, pour une fois qu'elle en trouvait une paire qui lui plaisait.... Bla, bla, bla !

A croire qu'elles aiment être frustrées !

Elles viennent pour souffrir et se priver de souliers qui leurs plaisent, par flagellation.

Il y a l'église pour ça, Madame !
Et d'ailleurs n'importe quelle religion fera l'affaire, MADAME !

Ou alors elles s'humilient devant leur mari venu acheter des souliers pour lui. Elle servent à genoux pendant que le pacha reste assis comme un gamin. Ils sont crétins ces hommes, vivement leur puberté !

Mais c'est Maman, euh… Madame, qui fait mon travail. Quelle soumise !

Relisez le deuxième sexe par Simone de Beauvoir !

Et tous les jours je les entends dire : « Je n'ai pas de beaux pieds…. ». Trop fins, trop longs, trop gros….

(A une cliente) « Bon, passez-moi le 36 ». D'accord. Par quel pied on commence : le gauche, le droit ? Le gauche, si vous voulez.

Ah, non, ça c'est l'autre gauche… On l'appelle le droit, pour ne pas les confondre, justement.

Mais je peux vous donner le droit, si vous préférez, on les vend par paire, ici, on est totalement fou.

Oh, mon dieu ! Qu'elles sont laides ! Elles vous plaisent ? Moi aussi, j'adore.
Elles vous vont très bien, ça se marie bien avec le reste *(elle fait la moue, écœurée).*
Oui, c'est la mode, le pointu. Le bout rond aussi, c'est la mode. Ca dépend des gens ! L'essentiel c'est que ça vous plaise, non ? On se moque bien de la mode ! Non ?

(elle se range à l'avis de la cliente). Ah bon.

Bon, bon, bon…

Oui, ça va aussi avec des jupes…

Oui ça va aussi avec des pantalons…. *(Elle baille)*.

Alors ? Elles vous vont ? La couleur est bien, la pointure est bien, c'est confortable…

Non. Vous ne les prenez pas.

Vous vouliez le 37…

On essaie le 37 dans une autre couleur ?! Mais pourquoi ?

Vous les prendriez dans une autre couleur ? Non, il n'y en a plus, je vous l'ai dit.

Tenez, voilà... *(Elle lui tend les chaussures).*

Alors ? 37 c'est trop grand ? Je vous avais prévenue. Mais vous ne voulez pas porter du 36 ? Vous n'avez jamais fait du 36, c'est pas maintenant que ça va commencer ? *(agacée).*

Bon, VOUS, vous sortez !

(A une cliente) Voilà, madame, en 35. Comment de

si petits pieds peuvent-ils soutenir un aussi gros corps ?

Je peux vous vendre les boîtes ça serait plus confortable pour vos pieds carrés.... C'est la seule manière de bien vous chausser ! Enfin...

Asseyez-vous !   Non ? Vous êtes bien debout ? Entre deux piles, coincée ? Bon...

Mais regardez ça ! *(Elle chante une musique de cirque tonitruante)* Un hippopotame faisant du yoga entre deux piles de chaussures ! Et moustachu en plus !

(Elle croise les bras, l'index devant ses lèvres et explose avec un accent russe de professeur qui sait tout :)
C'est ringard ! C'est démodé la moustache pour les femmes ! Plus personne n'en porte ! Enfin…

Ca finit une silhouette déjà très élégante, très distinguée….

(A une cliente) Bonjour Madame. Vous voulez des chaussures ? Ca tombe bien, y'en a plein !

Et regardez-la, cette idiote ! Elle tripote tout ! Elle les retourne, les soupèse, comme si elle se disait « Tout pourrait être à moi ! A moi !… Mon précieux…». Et elle repart….

Au revoir, Madame ! Et à jamais !

(A une cliente) Bonjour.

Vous venez pour un échange. D'accord. Quel est le problème ?

Ca fait six mois que vous les portez tous les jours et la

fermeture éclair vient de craquer ? Ah, non, ça ne peut pas être considéré comme un défaut de fabrication, ça…

Vous aussi vous avez trouvé un défaut ? D'accord, voyons ça.

Ah mais je ne vous ai jamais vendu des bottines en lambeaux. Non, jc suis for-melle, quand ce sont de petits morceaux déchiquetés c'est que votre chien s'est bien amusé avec.

Non, elles ne sont pas défectueuses. NON ! Elles ne

sont pas à l'épreuve de votre chien, enfin !

(S'adressant au public)
Bon, vous imaginez maintenant quel est mon quotidien ? Je dois me battre contre les gamines qui essaient des talons énormes pour faire comme maman, contre les vieilles qui râlent tout le temps et contre toutes les autres qui veulent sans vouloir, c'est épuisant !

Mesdames, vous me faites vivre l'enfer ! Vous essayez, puis vous cherchez le moindre prétexte pour ne pas acheter…

Enfin !

Vous m'avez libérée de mes complexes ! Si vous saviez ce que je vois tous les jours… L'été, les jolies robes qui cachent mal des jambes pas épilées… Je ne parle même pas de l'hiver et de son cortège de nounours et de Yétis ! Des poils, des poils, même sur les pieds… Des chaussettes de toutes les couleurs, des chaussettes trouées, des bas filés…. Un vrai festival !

(Tout bas, au public)
En parlant de bas, je vous annonce que les mi-bas d'essayage ne sont jamais lavés ! On les change seulement quand ils sont inutilisables !

Ce n'est pas une vengeance, c'est juste qu'on s'en fiche totalement ! *(Elle rit avec mépris).*

L'hygiène ? Mais vous êtes mal placées pour en parler….

Toutes celles qui puent des pieds ! Une infection ! Avant d'aller chez le dentiste, je me lave les dents, moi !

En plus, le synthétique est une horreur....

Enfin...

On vous vend le cuir au prix de la soie sauvage alors qu'on fait des steaks toute la journée...

Et le nouveau déodorant pour pieds, dans son superbe emballage rose, très élégant, très raffiné.... Pour les pieds qui puent !

J'ai travaillé dans les souliers de luxe.

C'était bien, les modèles étaient beaux, le quartier élégant, la boutique raffinée.

On servait le café, le thé selon l'humeur de la cliente.

Elle s'offrait des modèles haute couture en bâillant, elle pouvait acheter plusieurs paires sans sourciller. Combien, ces escarpins ? Ah, ça va !

C'est le prix de dix en grande distribution. Mais qui a raison ? La femme aux yeux de poisson mort qui dépense l'argent de son mari parce qu'elle s'ennuie, ou les gens simples qui s'extasient devant les vitrines, découvrant entre crainte et fascination la valeur des souliers?

Car, Madame, Monsieur, les chaussures ne sont plus des chaussures dans le luxe, mais des souliers !

On ne parle pas d'usine, mais d'ateliers et de maîtres artisans. La hauteur de talon est remplacée par la cambrure, la matière par les peausseries, parfois précieuses.

J'ai rencontré des gens étonnants dans cette boutique... pardon, dans ce comptoir de vente !

Le monde entier venait à moi : Brésil, Chine, Japon, Etats-Unis... L'argent change de lieux dans le monde, mais il revient toujours au luxe.

Luxe... Tapageur,

avec les signatures *(enfin, les logos, quoi)*

des Maisons *(des grandes marques)*,

ou plus sobre avec des modèles étonnants, différents, des matières raffinées.

Tout ça pour des femmes dont la seule occupation est de trouver la couleur des souliers qui ira avec leur nouvelle robe pour le mariage de machin au sud de l'Inde…

Elles ont perdu tout plaisir simple.

Le même chirurgien les standardise, on a l'impression de toujours parler à la même momie sans expression faciale.

On les confond souvent les unes avec les autres… «Vous êtes passée hier pour une réservation, je me rappelle bien votre visage. Non ? C'est la première fois que vous venez....

Une vague ressemblance de bistouri, sans doute ».

Parfois, elles dévoilent leur quotidien, effroyablement banal : un appartement en face de l'Arc de Triomphe, un petit 200 m2 avec terrasse parce qu'ils ont vendu l'autre étage pour offrir un logement dans le Marais à leur fils et Rive Gauche à leur fille ; mais bon, ça reste une surface décente pour un couple…

Une autre me parle de sa "soubrette très dévouée" qui l'aide à enfiler ses bas depuis qu'elle a une lombalgie.

Comment a-t-elle réussi à se faire un tour de reins alors qu'elle est inactive et inutile toute la journée ?

Mais je suis méchante, parce que beaucoup de femmes viennent dépenser un argent qu'elles ont bien gagné : ce sont des médecins, des avocates, des chefs d'entreprise et leurs souliers sont à la hauteur de leur niveau de vie.

La qualité.

Le luxe, n'est-ce donc pas la lumière en latin ? L'exigence à tous les niveaux, la dévotion à un produit rare, précieux, présenté avec grâce et beauté par une auxiliaire de vente charmante, discrète, pleine d'empathie ?

Et bien non, c'est fait dans des usines par des employés qui font la tête d'être payés si peu pour créer des choses imaginées par un designer allumé et vendues si cher par des vendeuses dégoûtées.

Oui, le luxe, ce sont des vendeuses qui font la gueule et qui courent après les clientes qu'elles imaginent riches à millions pour leur soutirer de quoi faire leur chiffre d'affaire individuel du mois.

Et avoir une prime minuscule.

Le luxe, ce sont des files d'attente devant les marques qui ont su jouer de leur notoriété et qui vendraient n'importe quoi avec leur logo. C'est un univers ingrat où chacun fait semblant d'y croire, plus ou moins…

Comme partout.

Le luxe, c'est le bon goût. L'élégance à la française.

Peut-on alors qualifier de luxe une marque qui affuble les femmes de semelles rouges, attirant les regards concupiscents (non ce n'est pas un gros mot) ?

Ces semelles rouges signifient "Je suis à prendre"… Vous imaginez bien, quand vous vous mariez avec ça aux pieds ?! Des semelles de prostituées !

"Bonjour, je voudrais les célèbres escarpins Bois de Boulogne…"

Ah non Madame, Bois de Boulogne ce sont les travestis, nous c'est Clichy et ses prostituées, ne confondons pas tout !

Pourquoi pas des souliers "Maison close" ou "Camionnette dans les bois" ?

Je vous le demande : où est le raffinement ?

Pourquoi se pressent-elles comme des dindes pour être mal traitées par les vendeuses et acheter à prix d'or (le rouge de la semelle, c'est votre sang, Mesdames !) une banale paire d'escarpins noirs ?

Parce qu'elles l'ont vue portée par une star de télé-réalité !

Dans ces boutiques dites de luxe ont ne retrouve plus comme clients que des vendeurs de drogues qui paient en billets de vingt tout neufs (ou en billets de cinquante quand les affaires sont florissantes) et des gamines dernières de la classe dont la culture oscille entre vidéos vulgaires de chanteuses dénudées secouant leur géla-tine et réseaux sociaux de people bidons, avec des gens connus pour être célèbres…

Pas luxe ! Pas luxe du tout…

Du coup cette semelle rouge devient sexuelle.

Remplacez le mot "sou-liers" par "orgasme", vous aurez tout compris.

Il y a les hommes qui veulent des chaussures ostentatoires et ont des rapports sexuels copiant un film porno ; ceux qui veulent du classique, qui aiment bien la position du missionnaire.

Les hommes veulent de l'utile, du confortable, ils sont dans la démarche de sexe utilitaire : j'ai envie, je satisfais cette envie.

Les femmes sont plus retorses. Elles veulent un orgasme, euh… des souliers, mais n'osent pas se l'avouer.

Je veux un orgasme, mais pas trop fort, pas trop longtemps, pas trop exaltant….

Elles critiquent les talons hauts mais en rêvent. Leur sexualité est déprimante.

Les gamines veulent de l'ostentatoire, elles en font toujours trop. Et les femmes mûres veulent encore un dernier orgasme, un "je portais ça quand j'étais jeune"…

Les femmes, les vraies *(elle soulève ses cheveux, se met en valeur pour bien montrer qu'elle parle d'elle)*, celles sûres d'elles-mêmes osent les modèles déments, ne suivent que leur instinct et leur envie assumés. Elles n'ont pas de désir classique, elles n'ont pas besoin de paraître.

Elles sont.

Elles font rêver et c'est un bonheur de travailler avec ces clientes.

Moi je fais ce que je peux pour garder une part de rêve dans mon métier.

J'en prends le meilleur.

Et dans le luxe le monde entier venait me voir !

Je voyageais sans bouger et j'étais même payée pour ça.

Vous avez déjà rencontré des gens du Kazakhstan ? Moi oui.

Et des pseudo princesses arabes - elles sont toujours princesses ! du genre qui ne comprennent rien : *(avec l'accent de Dalida)*
Vous avez ça en 40 ?
- Non, madame, seulement 36 et 37.
- Oui mais moi je fais 40 : vous avez 40 ?

- Non, 36 et 37.

- D'accord, mais 40 ? Vous avez 40 ?

Et cette habitude naturelle, même pas odieuse, de tendre le bras et d'attendre que la table se déplace d'elle-même pour cueillir le verre d'eau dont elles ne veulent plus...

C'est amusant, pour les plus riches comme pour les plus modestes, moi j'avais le luxe de vivre leur vie pour quelques instants.

Vous savez, je n'ai pas toujours été la petite marchande de godasses.

J'étais secrétaire.

J'avais un petit **pied à terre** près du bureau pour y aller **au pied levé**, en cas de besoin. Je portais souvent un tailleur **pied de poule** et j'étais amoureuse du patron, un type qui n'avait pas les **deux pieds dans le même sabot**. Il était **droit dans ses bottes**, un rêve pour moi qui ne pensais qu'aux **pantoufles de verre** et **aux bottes de sept lieues**.

Un prince et un mariage **en grande pompe** !

Un midi, j'ai eu **l'estomac dans les talons, un petit coup de pompe.** J'ai proposé au patron de déjeuner, il a répondu : **ça me botte** ! Alors j'ai mis **les pieds dans le plat**. A table, il n'a pas apprécié. Je lui ai **fait du pied**, je voulais qu'il **prenne son pied**… Résultat : **mise à pied** !

J'aurais dû utiliser son **talon d'Achille** : lui **cirer les pompes**, il adore les **lèche bottes** ! Mais il était **bête comme ses pieds** ! Et moi qui pensais avoir trouvé **chaussure à mon pied**. J'étais **dans mes petits souliers**. Il criait : de quoi elle **semelle** !

Il hurlait qu'il me trouvait **casse-pieds**, que j'étais **à côté de mes pompes**, que je restais **les orteils en éventail**… Il ne faut pas tout **prendre au pied de la lettre**, mais j'ai compris qu'il s'était… **lacé**.

Je lui ai **coupé l'herbe sous le pied**, j'ai démissionné.

C'est toujours **le cordonnier le plus mal chaussé** : maintenant il a une vieille pie qui a **un pied dans la tombe**.

Ca lui **fera les pieds** !

(Elle se calme un peu).

Non, moi ce que j'aime c'est le rayon homme. C'est mon espace favori. Ils arrivent, regardent, sans tout toucher. Quand ça leur plaît, ils essaient et si ça leur va, ils achètent. Simple. Efficace. Direct. Moi, j'adore !

Bien sûr, il y a toujours quelques tordus qui fantasment sur les pieds et les chaussures...

Une fois, quand je commençais ce métier, un gentil monsieur m'a demandé d'essayer des souliers parce que j'avais la même pointure que sa femme....

J'ai essayé et évidemment il les a achetés. La responsable m'a disputée comme jamais ! Je n'y voyais aucun mal, moi....

Il a dû prendre du bon temps en les reniflant pendant des heures....

C'est étrange d'ailleurs, cette attirance pour le pied et les chaussures.
Je me demande pourquoi il y a autant d'envie, de frustration et même de maso-chisme pour des souliers....

Je vais lire « Erotisme du pied et de la chaussure » de

William Rossi pendant ma pause.

Je vous retrouve après ?

Je vous ferai un compte-rendu de ma lecture.

Peut-être comprendrai-je la guerre qui oppose les bouts ronds aux bouts pointus !

Et je saurai enfin quel mystère entoure mon métier ? Car c'est un métier, vous savez. N'en déplaise à ces vendeuses qui croient que c'est facile d'approcher une cliente, de la servir, de la conseiller…

Ca n'est pas donné à tout le monde.

On a quelques cas, d'ailleurs, de filles pas douées....

Comme celle-ci qui, un jour, alors que l'alarme de la sécurité retentissait me déclara :

« Je soupçonne un client... ».

Parfait. Il n'y a plus qu'à attendre qu'il revienne pour lui demander s'il a volé.

On établit le portrait robot tout de suite ou bien on appelle Miss Marpel et Sherlock Holmes ?

« Il est allé au rayon homme en tongs et il en est ressorti en chaussures de ville. Je trouvais ça bizarre…. »

C'était peut-être un presti-digitateur ?

ou un VOLEUR ?

Imbécile !

Je sais, je râle tout le temps mais, je les aime bien, mes collègues. J'aime aussi mes clients, même quand ils forcent la porte à la fermeture pour me dire : « Ne vous inquiétez pas, je ne vais pas acheter ! ».

Et les chaussures aussi, je les aime : ce sont de petits orphelins qui attendent dans leur petit cercueil de trouver une petite famille d'accueil…

Bon ! Assez parlé ! Je vais en pause lire cette nouvelle Bible (elle tient le livre en main) ; je vous explique en revenant pourquoi elles sont si idiotes avec leurs chaussures…. Et pourquoi les gamines rêvent de talons….

ENTRACTE.

(Une lanterne rouge en fond de scène. Elle est presque dans le noir. Tout semble plus sensuel et plus électrique.)

(Elle arrive en se déhanchant, portant le même tailleur mais explosé : jupe fendue relevée et un décolleté pigeonnant, le chemisier déboutonné ; elle est hyper sensuelle, voire trop sensuelle).

J'ai lu. J'ai su. J'ai vaincu.

En fait, je travaille dans un sex-shop.

On est là, toutes les filles de la maison, en rang, attendant le client dans le hall.

Le client ou la cliente arrive, choisit sa vendeuse et monte avec elle chercher le bonheur…

Ca vous rappelle quelque chose ?

Et ce n'est pas de la tolérance, c'est légal…

Car ce ne sont pas des chaussures que je vends, mais des étuis péniens.

William Rossi m'a appris, grâce à cette Bible qui décode tout sur les chaussures, que le soulier est masculin.

Il a été conçu par des hommes, pour des hommes.

Puis les femmes, comme toujours, s'en sont emparé et l'ont féminisé conférant aux modèles des pouvoirs sensuels plus grands encore.

Et les hommes, ces imbéciles, ne voient plus que ces pieds qu'ils ont chaussés !

(Des modèles dessinés s'affichent ou bien elle les présente sur des cartons)

On a le sentiment qu'il y a des milliers de modèles différents. En fait, il y a seulement huit catégories :

1 la chaussure basse à lacets, l'Oxford. C'est le corset du pied pour le rendre plus étroit, plus petit. Plus désirable.

(Elle appuie sur les éléments sensuels de façon provocante et presque risible).

2 La sandale qui offre un pied dénudé comme un bikini.

3 La botte qui était à l'origine une chaussure et une jambière. Elle cache, galbe, remonte parfois jusqu'aux cuisses comme pour indiquer le chemin…

4 La chaussure de moine est basse, largement ouverte, avec une lanière autour de la cheville et une grande languette évoquant le phallus.
Dénudant le pied, tenue à la cheville, elle peut très vite perdre son caractère religieux

ascétique pour y gagner en sensualité et en érotisme.

5 Le mocassin épouse le pied par son cuir souple et rend les sensations du sol très érogènes.

6 L'escarpin était une pantoufle d'intérieur qui a évolué. Des soufflets élastiques le collent au pied, le cachant et le dévoilant tout à la fois.

7 La mule : c'était une simple pantoufle. Les Italiens, eux évidemment, ont ajouté un talon comme un piédestal à

cette chaussure qui couvre le pied, comme une robe transparente couvre tout le corps.

8 La galoche a une semelle surélevée connue depuis des siècles au Japon ; elle allonge les jambes et donne une allure sexy.

Sachant cela, on ouvre !
(Elle tape dans ses mains, la lumière se fait, rose et rouge. La vendeuse est très sexy).

Faites entrer les clients !

(A une cliente)
Alors ! Bonjour Madame, entrez, entrez ! Vous secouez votre petit sac à main comme si vous vous baladiez sans vouloir acheter…

Mais je sais qu'au fond de vous-même, vous souhaitez ces chaussures.

(Elle mime son discours :)

Vous passerez de la petite femme ronde un peu terne à une créature sur escarpins, désirable, sexy, à la cambrure prononcée, à la jambe longue, se balançant sur des échasses qui montrent que vous êtes encore sur le marché sexuel.

Vous n'êtes pas bonne pour la casse !

Vous êtes féminine, les hommes vous désirent, et les femmes vous jalousent ! Et ce sont ces chaussures qui vous révèlent, sans que vous ayez besoin d'en dire plus. Alors achetez-les…

(Sexuelle)

Je vous y force, si vous insistez ! Je sais que vous aimez être forcée, sinon pourquoi seriez-vous rentrée ? Je vais donc vous violer et vous allez adorer ça….

(Suave :) On les prend ? Parfait.

(A une cliente)

Bonjour ! Je vous laisse regarder toutes ces chaussures qui vont vous rendre désirable….

Vous avez trouvé ? Parfait. Vous voulez réfléchir ? Je comprends.

Prenez le temps d'attendre qu'elles soient vendues… *(Mielleuse).*

J'avais bien ce modèle, mais il n'y a plus votre pointure ! Hélas ! Quel dommage ! Bien sûr, ce sont celles que vous vouliez….

Frustrant non ? Mais c'est si bon !

(Au public)

Elles rôdent, telles des hommes en manque, flairant le sexe et la prostituée.

Parce que je ne me fais pas d'illusion ! Je vous vends mon corps, mon attitude, ma disponibilité...

Je me prostitue à vous pour ramener du fric à mon mac, le patron !

Ces chaussures sont mon sexe !

(A une cliente) Oui, Madame, c'est du cuir. Fin,

souple, une seconde peau…. Très sensuel !

Le synthétique, c'est bon aussi !

C'est sexy comme une combinaison en latex !

(A une cliente)
Oui, c'est un très beau modèle ! Avec un beau décolleté, dénudant le pied, laissant apparaître la naissance des… orteils. En V, en rond, en carré.

Très sensuel le décolleté.

(A une cliente)

Des chaussures pointues ?

Oui, vous en avez là, ici et là-bas…

Madame aime les symboles phalliques. Vous dominez dans le couple. Vous êtes sensuelle et très érotique.

(A une autre cliente)

Des talons vertigineux, oui, et vos pas seront plus courts, vos cuisses se frotteront l'une contre l'autre et votre pied sera cambré comme en pleine extase amoureuse....

(A une cliente, prenant une mine écœurée et méprisante)

Vous ne savez pas marcher avec des talons ?

Et bien, rejoignez le groupe des nulles qui n'attirent pas les hommes.

Si vous n'êtes pas disponible sur le marché des filles à allonger, dégagez ! Retournez avec les gamines et les vieilles femmes dans le rayon confort !

Je préfère celles qui portent des bottes très hautes, invitant les hommes à des plaisirs masochistes …

(A une cliente)
Vous voulez du confort ?
Des chaussures noires ? Vous avez raison !
Cachez-vous !
On va vous en trouver, des chaussures de castrées et de délaissées !
Mais bon, les femmes mariées elles aussi portent des chaussures neutres…

Si un jour vous revenez sur le marché des femmes disponibles, vous changerez....

J'ai de superbes escarpins rouges dont la couleur évoque...

(Elle sourit, mystérieuse).

Je vous raconterai.

(A une cliente)

Bonjour Madame, vous voulez ces chaussures ? Bien ! Des chaussures unisexe.

Pour hommes et femmes, ça marche pour les deux...

Elles ne sont pas très excitantes, mais bon...

Et d'ailleurs, pourquoi les chaussures seraient-elles diffé-rentes alors qu'un pied de femme et un pied d'homme sont sensiblement pareils ?

Les hommes... Parlons-en des hommes !

Il y a les sensuels qui portent des chaussures sensuelles....Elégantes, flexibles, souvent pointues comme des symboles phalliques…

Des hommes assumés, sensuels et qui en ont conscience.

Pas comme ces crétins qui veulent des souliers voyants, aux couleurs criardes, des chaussures très agressives.

Ce sont des faibles qui cachent leur manque de personnalité derrière un style prétentieux et de mauvais goût.

Tout pour se donner en spectacle.

L'opposé ou presque, de ceux qui portent des chaussures ordinaires : noires ou marrons, blanches ou beiges l'été…

Du conformisme pour des hommes peu sûrs de leur virilité.

Il y a les eunuques aussi : ils viennent une fois par an, prennent toujours le même modèle, sans sexe.

A quoi bon ? Autant aller pieds nus, non ?

Et la dernière catégorie, celle des machos : des bottes souvent, chargées de sensualité très agressive, voire sadique.

Ils affichent une sexualité insatisfaite et rageuse.

Une horreur.

Tiens, je repense à cet homme en talons hauts qui effrayait les clientes.

Il exprimait, en hurlant, sa provocation :

Je suis une femme !

Et les femmes tremblaient de voir un garçon plus féminin et plus sexuel qu'elles…

Un vrai fantasme !

(Elle rit).

Ca créé un malaise, forcément !

(elle rit encore).

Et ces frustrées du sexe qui veulent ce qu'il n'y a pas, par masochisme…

Les honteuses qui se cachent pour essayer…

Il y en a beaucoup !

Toute la journée, elles se plaignent de ne pas avoir de beaux pieds, d'être si difficiles à chausser, de ne jamais trouver ce qu'elles aimeraient…

Quelle frustration !

Elles se flagellent, se privent et en jouissent sans doute…

C'est triste.

Et un peu tordu.

Qu'elles prennent des chaussures trop petites, elles en jouiront toute la journée !

De toute façon, elles veulent être forcées.

Elles essaient vite fait, un truc rapide qui ne porte pas à conséquence comme une passe sous une porte cochère…

Ou bien elles touchent à tout, tripotant tout ce qui passent à portée de main.

Sexuel ! Sexuel ! Sexuel !

Je travaille dans un sex-shop !

(une enseigne s'allume : Sex-shoes qui clignote en rouge).

Ah, je les adore, mes petites clientes, vraiment…

Les frustrées,

les voyeuses,

les butineuses…

Certaines viennent tous les jours !

Et les adolescentes qui veulent des talons hauts pour s'essayer à la sexualité des grandes sans passer le cap, sans risque ?

Et les mères qui leur refusent l'accès à cette sexualité, souvent à juste titre, mais par jalousie aussi….

Les hommes, eux, sont moins tordus : ils veulent, ils obtiennent. Ils prennent. Et moi je leur donne.

Désormais, je les connais tous intimement.

Je peux vous servir ?
C'est normal, Monsieur, je suis votre obligée.
Je vous fais les lacets ?

(Elle s'agenouille devant lui dans une position équivoque).

Je touche le bout de la chaussure.

(Elle s'exécute, sexy).

C'est confortable, non ?

Il faut bien les enfiler... Après, elles seront tout à vous, tout autour de vous, serrant un peu...

(Elle prend des pauses de soumise, agenouillée, sensuelle).

C'est bon ?

(Elle déboutonne un peu son corsage).

Ca vous plaît ?
(Elle mouille ses lèvres, les yeux brillants).
Vous prenez ?
On y va ?
Vous me suivez ?
(Elle ondule des cuisses).

On va passer à la caisse….
Et oui, tout service se paie.
Mais vous pouvez regarder mes fesses pendant le trajet, je vous précède.

Vous voulez les « garder dans les pieds » ?

(elle affiche une moue écœurée. Puis, autoritaire comme un coup de cravache :)

On dit « aux pieds » !

(elle redevient sensuelle)

Je vous souhaite une bonne fin de journée. A bientôt…

(Elle marque une pause et soupire de contentement, façon cigarette après l'amour).

(Au public) Et moi, dans tout ça, me demanderez-vous ?

Je ne suis pas mieux que les autres…

Je porte des talons hauts malgré des journées difficiles à rester debout sans arrêt... Plutôt crever que renoncer au sex-appeal !

Je suis encore un...

cœur...

à prendre !

Je porte des bouts ronds pour raccourcir mes pieds et les rendre excitants.

J'aime les chaussures montantes, autoritaires.

Et du haut de mon piédestal, je domine mon troupeau de frustrées *(plus exaltée à chaque mot)*,

mes masochistes !,

mes soumises !,

celles qui ont renoncé à toute sexualité !,

les délaissées cherchant du réconfort et des illusions dans mon sex-shop !

Venez ! Entrez ! *(Elle appelle comme à la foire ou comme Marlène Dietrich chantant Black market).*

(Autoritaire, elle sort une cravache qu'elle pointe sur chaque cliente)

Toi ! Assise !

Toi, là ! sur le tabouret !

Toi : achètes !
Tu ne trouveras pas meilleure substitution pour combler l'indigence de ta vie sexuelle !

Toi, range ça ! Tu ne l'as certainement pas trouvé comme ça !

Toi, ne touche pas, tu ne le mérites même pas !

Je suis votre maîtresse ! Obéissez !

Toi !   assise !   essaie ! achète !

Ah !... *(soupir de satisfaction)*

La vraie vie, enfin !

Baisez-moi les pieds....

FIN